DIE LYRIKEDITION 2000 WIRD HERAUSGEGEBEN
VON HEINZ LUDWIG ARNOLD

Das Buch

Michael Groißmeier hat sich vom Beginn seiner literarischen Tätigkeit an mit dem Sterben, mit dem Tod beschäftigt. Diese Thematik zieht sich wie ein roter Faden durch den Gedichtband des in Dachau lebenden Lyrikers. Die Tiefe der Empfindung drückt sich in einfacher, klarer Sprache aus, Natureindrücke und Bilder aus der Natur werden zu Metaphern menschlichen Daseins.
Michael Groißmeier »eignet eine geradezu vegetative Fühlsamkeit für die Natur. Er spürt ihre Seele; der beseelten Natur sich nähernd, spürt er das eigne pulsierende Leben. Natur und Mensch sind für G. nicht getrennt, wohl aber – und dies lange, bevor man politisch davon sprach – tödlich bedroht.« Paul Konrad Kurz

Der Autor

Michael Groißmeier, Jahrgang 1935, ist Lyriker und Erzähler. Zahlreiche Publikationen: Lyrik, deutsches Haiku, Nachdichtung japanischer Haiku, ein autobiographischer Roman, Erzählungen, Kurzprosa. Sein literarisches Werk wurde ausgezeichnet u.a. mit der Bürgermedaille der Großen Kreisstadt Dachau (1984), der Ehrengabe der Stiftung zur Förderung des Schrifttums (1986) und dem Verdienstkreuz am Bande des Verdienstordens der Bundesrepublik Deutschland (1998); außerdem war er Ehrengast der Deutschen Akademie Villa Massimo in Rom (1988/89).

Michael Groißmeier
Mein irdisches Eden
Gedichte

LYRIKEDITION 2000

Die LYRIKEDITION 2000 ist ein BoD™ Verlag der Buch & medi@ GmbH, München. Dieser Verlag publiziert ausschließlich Books on Demand in Zusammenarbeit mit der Books on Demand GmbH, Norderstedt, und dem Hamburger Buchgrossisten Libri. Die Bücher werden elektronisch gespeichert und auf Bestellung gedruckt, deshalb sind sie nie vergriffen. Books on Demand sind über den klassischen Buchhandel und Internet-Buchhandlungen zu beziehen.

Weitere Informationen über den Verlag und sein Programm unter:
www.lyrikedition-2000.de

Juli 2001
LYRIKEDITION 2000
Ein BoD™ Verlag der Buch & medi@ GmbH, München
© 2001 Michael Groißmeier
Umschlaggestaltung: Bauer+Möhring, Berlin
Herstellung: Books on Demand GmbH, Norderstedt
Printed in Germany · ISBN 3-935284-38-1

*Mit meinen Fingerkuppen tast ich
nach den Sternen.
Werd ich die Blindenschrift am Himmel
je erlernen?*

Kinderzeit

Anmerkung: Die Nachdichtungen der fremdsprachlichen Gedichte sind sehr frei und haben mit den Originalen kaum mehr etwas gemein, oftmals nur eine, zudem stark abgewandelte, Wendung; dennoch schien es dem Autor ratsam, die Verfasser der ideengebenden Gedichte zu nennen, um mögliche Irritationen zu vermeiden.

KINDERZEIT

Wir liefen barfuß durch den Nesselgrund.
Der Sauerampfer säuerte den Mund.
Das Bittre suchten wir mit Unverstand.
Wir hielten in die Nesselglut die Hand.

Die Schmerzen waren uns noch keine Pein.
Wer starb, verließ das Leben nur zum Schein.
Er lebte ja im weiten Himmel fort.
Noch glaubten wir der Priester Lehr und Wort.

Wir stiegen in den Wipfel eines Baums
und ahnten nicht das Ende unsres Traums.
Wenn Wind die Blätter aneinanderrieb,
war nur der kurze Augenblick uns lieb.

Die heiße Stirne kühlte uns die Luft.
Wir atmeten des Laubes herben Duft.
Die Walnuß lag in unsrer kleinen Hand
als unbegrenzten Daseins Unterpfand.

An der Amper

Kinder lassen jauchzend
Schiffchen schwimmen;
warum seufz ich auf,
wenn eins versinkt?
Ist auch meine
unter ihren Stimmen?
Ist es meine Kinderhand,
die winkt?

Hör ein Kind ich
um sein Schiffchen weinen,
gehe sinnend ich
am Ufer hin,
und mir scheint,
es sei mein eignes Weinen,
weil ich mit dem Schiffchen,
mit dem meinen,
längst versunken
und ertrunken bin.

KINDERSPASS

Der ausgeschabten Rübe
habe ich als Kind
zwei Augenhöhlen
eingeschnitten und
ein Loch – Das war ein schrecklich
aufgerissner Mund,
aus dem ein Jammern brach –
War's nur der Wind?

Und in den Höhlen flackerte
ein fahles Licht,
von Augen fast –
Das war nur einer Kerze Schein,
die drinnen brannte
in dem Rübenungesicht –
ein Totenschädel!
Ich sah in meinen eigenen hinein!

Als Kind spielte ich Geige

Als Kind spielte ich Geige.
Jetzt aber spiele ich nicht mehr.
Da ich mich zur Erde neige,
wehn mir andere Töne her:

Auf Totengerippen
spielt der Tod Xylophon,
und ehe mitsummen meine Lippen,
spielt er auf dem meinen schon.

Zwei Fremde

Ich bin nicht mehr,
der ich als Knabe war.
Sein Haar war braun,
sein Aug von Träumen blind.
Mein Haar ist weiß,
mein Auge bitterklar.
Ich seufz, weil er und ich
zwei Fremde sind.

Nicht lang, dann trage ich
mein Totenhemd.
Sein Knabenhemd, es duftete
nach Harz.
Auf meins tropft Kerzenwachs,
es riecht todfremd.
Sein Hemd war weiß,
und meins ist totenschwarz.

Blumengedichte

Gedicht für Nelken

Bedichte ich die Nelken,
nicht, weil sich's reimt, die welken,
die gluterfüllten roten
vielmehr, die Liebesboten
der Erde aus dem Grund!

Ich drück an Mund und Wangen
die roten Liebesnelken
und spür in ihrem Welken
wohl ein Zurückverlangen
in sanfter Erde Grund –

und fühle auch mit Bangen
in mir ein Heimverlangen,
wenn mir die roten Nelken
an Mund und Wangen welken,
zurück zum Erdengrund.

Taunasse Nelken

Nelken, weiße Spitzen,
um den Hals der Frau,
und wie Perlen blitzen
Tropfen dran aus Tau –
Wohligere Seide
als die weißen Nelken,
wenn sie auch verwelken
an dem Hals der Frau,
edleres Geschmeide
als den schlichten Tau
weiß ich nicht der Frau,
wenn er auch verschmachtet,
nicht als Schmuck geachtet,
an dem Hals der Frau!

Nachtviolen I

Nachtviolenduft
mutet mir unirdisch an.
Hat sich in der Luft
Garten Eden aufgetan?

Berg ich noch im Flor
unsres Gartens mein Gesicht?
Schweb ich schon empor?
Dunkle Erde, halt mich nicht!

NACHTVIOLEN II

Hier atme ich mich satt
am Duft von Blüte, Blatt
der Nachtviolen.

Dort gibt's nicht Blüte, Blatt,
ich wäre auch zu matt
zum Atemholen!

Wenn nichts ein Ende hat,
dann auch nicht Blüte, Blatt
der Nachtviolen,

auch nicht, lieg todesmatt
ich unter Blüte, Blatt,
mein Atemholen!

Die Schwertlilie

Ich wandle nachts in meinem Garten,
der Lilie Schwerthieb zu erwarten.
Bin ich des Sterbens wert,
dann durch das Lilienschwert!

Kein anderes kann sanfter töten,
und ohne sich mit Blut zu röten!
Wird mir das Sterben lieb,
dann durch der Lilie Hieb!

Nicht Hieb, nur Hauch ist er zu nennen,
und keine Wunde wird entbrennen,
trifft er die Brust!
So wird das Sterben mir zur Lust!

GLADIOLEN

Vom Wind bewegt die Gladiolen –
So kreuzen Schwerter sich im Streit.
Soll sich als Trugbild wiederholen,
was war in längst vergangner Zeit?

Ob sich die Toten noch erhitzen,
im Grab erglühn vor Kampfeslust?
Die Gladiolenschwerter blitzen,
und eines zielt auf meine Brust.

Soll sich der Schwerthieb wiederholen,
der mich gefällt vor langer Zeit?
Ich biet die Brust euch, Gladiolen,
erneut stoßt zu, ich bin bereit!

MEIN EINZIGS GUT

Das Gladiolenschwert,
von Blut gerötet.
Das meine ist es nicht,
bin ich es doch nicht wert,
daß mich wer tötet!

Wer schon vergöss mein Blut,
mich zu berauben
um nichts als mein Gedicht!
Dies ist mein einzigs Gut!
Wird Tod mir's glauben?

Pfauenauge, Ende September

Pfauenaug, ich schließ mein Aug wie du.
Sommermüd geworden sind wir beide.
Letzter Sonnentag zieht aus der Scheide
Gladiolenschwerter und stößt zu.

Pfauenaug, wir sinken bald zur Ruh.
Deines Flügelauges Prunkgeschmeide,
Kargheit meines Augs, an der ich leide,
beides schließt die Nacht in ihre Truh'.

Das Rosenblatt

Was aussah wie ein Rosenblatt,
mir schien's zu sein ein Schmetterling,
der frosterstarrt und todesmatt
im Spinnennetz verfangen hing.

Schien's mir zu sein ein Schmetterling,
war's doch ein welkes Rosenblatt,
das sich im Spinnennetz verfing,
als Wind es hochgewirbelt hat.

Gepresstes Rosenblatt

Rose, allzu früh verblühte!
Mich erfreut ein einzigs Blatt,
das in einem Buch ich hüte,
selber schon zu Tode matt.

Werd ich bald hinübersinken,
daß ich mir am Rosenduft
rasch noch sollte Mut antrinken
für das Ruhen in der Gruft?

Schwarze Rosen

Im Frost verkohlt die Rosen.
Nur Asche blieb zum Kosen.
Sie schwärzt dir Mund und Wangen.

Willst du nach ihm verlangen,
ihm deinen Namen nennen,
wird dich der Tod nicht kennen!

An eine verwelkte Aster

Seh im Trauerflor dein Alabaster.
Trauerst du um mich schon, weiße Aster?

Ist es nicht zu früh, um mich zu trauern,
oder willst du selber dich bedauern?

Tröste dich, bald schneit es, welke Aster,
und dein Schwarz wird wieder Alabaster!

Mein irdisches Eden

Mein irdisches Eden

Mir ist mein Garten mit Reseden
und Rosen wie ein irdisch' Eden,
und auf das himmlische verzicht ich gern!

Gäb's dort auch Rosen und Reseden,
wärn's Blumen nicht aus *meinem* Eden,
und jede wär ein steinern kalter Stern!

Kein Duft von Rosen und Reseden
drang noch aus jenem fernen Eden
zu mir, mich eines Bessern zu belehrn!

Abgestreute Fliederblüten

Wandeln auf den weißen Fliederblüten
nachts die Toten, ihren Schritt zu hüten
vor den Lebenden?

Niemand sah noch in dem monddurchglühten
Garten über weiße Fliederblüten
die sanft Schwebenden.

Folg ich barfuß auf den abgeblühten
und ins Gras gestreuten Fliederblüten
den Verschwebenden,

spür ich an den Sohlen die durchglühten
Blüten, die Geheimnisse nur hüten
der noch Lebenden.

DER BEERENGOTT

Greif ich nach der Stachelbeere,
ritzt den Finger mir der Dorn.
Ob vor meiner Gier sich wehre,
denk ich, Beerengott vor Zorn?

Daß mir seine Beeren munden,
freilich sieht's der Gott nicht gern.
Mir zu ritzen sanfte Wunden,
seine Art ist's, sich zu wehrn.

Surren, an der Frucht zu schlecken,
aber diebisch Wespen her,
muß der Gott sich schnell verstecken,
denn ihr Stachel kann ihn schrecken,
ärger noch als mein Begehr.

Daphnes Brust

Die in der Quitte Zuflucht fand
vor des Apollon wilder Lust,
hat sie ertastet meine Hand,
die rundgeschwellte, Daphnes Brust?

Mir brennt die Hand, mich faßt die Lust,
vom Zweig zu brechen schnell die Frucht,
in die sich Daphnes junge Brust
verwandelt hat auf jäher Flucht.

Was aber zuckt zurück die Hand,
Berührung scheuend mit der Brust?
Ob sie Apollon doch noch fand,
nicht duldend eines andern Lust?

Der betrogene Jäger

Der grün- und gelbgestreifte Kürbis schwillt
zum Globus an mit Längs- und Breitenstreifen.
Ob er ein wenig meine Sehnsucht stillt,
den Erdball mit den Händen zu umgreifen?

Mit meinem Finger such ich Afrika –
Noch ist's von einem Kürbisblatt der Schatten.
Doch sirrt ein Pfeil schon: Afrika ist nah!
Wenn er ins Herz mich trifft, muß ich ermatten.

Das Licht, schnell schwindet's: Afrika verblaßt.
Der Pfeil, Hornisse, ist vorbeigeflogen.
Ich fürchte, daß der Jäger mich nun haßt,
da schmählich er um mich, sein Wild, betrogen.

BLÄTTERHÄNDE

Ich wuchs heran und wählte
zu Freunden mir die Bäume.
Wenn mich mein Jungsein quälte
bis tief in meine Träume,

dann fand ich Trost bei ihnen.
Ich liebte ihre Blätter,
die mir wie Hände schienen.

Sie kühlten mir die Wangen
und waren meine Retter
vor manchem dunklen Bangen.

Sie warn mir Mutterhände
und löschten mir die Gluten
der jähen Fieberbrände
mit ihren grünen Fluten ...

Und schneidet man die Bretter
für meine Totentruhe
aus meinen Bäumen, alt wie ich,

legt in den Sarg mir Blätter,
daß in der ew'gen Ruhe
ich Hände hab, die streicheln mich!

KÖNNT MICH DER BAUM VERGESSEN?

Was mich nie wahrgenommen hat,
kann mich auch nicht vergessen:
der Baum, die Blüte und das Blatt!

Und doch mein ich vermessen,
daß er mich wahrgenommen hat,
der Baum, mit Blüte und mit Blatt.

Sonst hätt er nicht gestreichelt mich
mit seinen Zweigen inniglich,
mich nicht mit Blüten angesehn,
die öffneten wie Augen sich!

Und war nicht auch des Laubes Wehn,
als sei's von mir besessen,
nach meinem Mund ein Lippenflehn!
Könnt mich der Baum vergessen?

In Todes Namen

Am Ahornzweig ein letztes Blatt.
Die andern sind schon abgeschüttelt.
Ob es der Wind vergessen hat,
der nun an meinem Fenster rüttelt?

Gelüstet's ihn zu mir herein,
und ob nach meiner Hand er trachtet,
weil sie ihm scheint schon Blatt zu sein,
indes des andern er nicht achtet?

Der Wind, er kommt mir nicht ins Haus –
auch einer von des Todes Bütteln!
Er soll nur draußen mit Gebraus
das Ahornblatt vom Zweig abschütteln!

Ich lass die Hand ihm nicht, wenn er
auch in des Todes Namen handelt!
Der schick den Wind erst zu mir her,
wenn sich die Hand zum Blatt gewandelt!

Das Ahornblatt I

In der Brust den Schmerz zu lindern,
lege ich auf sie ein Ahornblatt.
Wird die Hand des Gotts ihn mindern,
die sich in das Blatt verwandelt hat?

Wird den Schmerz als Blatt sie lindern,
die nur Wunden schlägt und Schmerzen mehrt?
Keine Wandlung wird sie hindern,
daß sie auch als Ahornblatt versehrt!

Das Ahornblatt II

Das Ahornblatt in meiner Hand,
ich halt es fest wie eine andre.
Mir ist, als ob ich Hand in Hand
mit einer Abgestorbnen wandre.

Ward deine Hand zum Ahornblatt,
auf daß ich nicht so einsam wandre?
Seit sie entglitt mir todesmatt,
hab ich gehalten keine andre!

Die Walnuss

Der Walnuß beinern gelbe Stirn,
dahinter birgt sich wessen Hirn?
Ich wüßte gerne, was es denkt!

Wer gibt mir einen Fingerzeig?
Vielleicht, an dem sie hing, der Zweig?
Vielleicht der Wind, der sie geschenkt?

Ich geh, weil ich nicht Antwort fand,
behalt die Walnuß in der Hand.
Ob mir ihr Hirn die Schritte lenkt?

Zur Nacht

Im laubigen Garten zur Nacht
der Mond hat sein Windlicht entfacht.
Mir schläft schon das Lied in der Kehle.

Dein Leib ist ein Garten, ein Haus.
Kein Wind und kein Tod löscht es aus,
darinnen das Windlicht, die Seele.

An ein altes Weinglas

Ich weiß nicht, wer vor Zeit
aus dir getrunken,
doch spür ich, wenn ich trink,
den fremden Mund,
als sei er ganz in meinen Mund
versunken,
als sei der Mund
mit meinem Mund im Bund.

Ich halt nicht an,
an dir, mein Glas, zu nippen,
zu spürn an meinem Mund
die fremden Lippen.
Ich trink an ihnen mir
die meinen wund,
bis meiner und der fremde sind
ein Mund.

Nachts beim Wein

Mond, der bittre Quittentropfen,
gelb mir in den Wein geträuft.
Zeit, die Pfeife auszuklopfen,
wenn das Aug mir überläuft.

Macht's der bittre Himmelstropfen,
der ohn Maß genossne Wein,
daß ich jäh mein Herz spür klopfen,
so als sollt's zu Ende sein?

Träuf die lindern Sternentropfen,
Himmel, mir in meinen Wein,
daß mein Herz mög sanfter klopfen,
schenk ich mir aufs neue ein!

Wieder werd die Pfeif' ich stopfen,
ist das Bittre abgetan,
zusehn, wie die Sterne tropfen
und der Rauch zieht seine Bahn.

Beim Wein mit Gladiolen

Mir glüht im Glas der Wein
vom feuerroten Schein
der Gladiolen.

Doch bricht die Nacht herein,
erlischt der Feuerschein
der Gladiolen,

und auch die Glut im Wein
verblaßt, der Widerschein
der Gladiolen.

Werd ich betrunken sein,
dann nur vom Duft allein
der Gladiolen!

Rotwein trinkend, abends

Das Abendrot: des Tages Wunde,
zum Sternenstreif wird sie vernarben.
Ich führ mein Weinglas sacht zu Munde
und trink auf alle, die mir starben.

Ich trinke auch auf meine Wunde,
auf daß auch sie mir mög vernarben.
Ich mag die abendliche Stunde,
wenn mich besuchen, die mir starben.

Sitz ich mit ihnen in der Runde
und seh die armen Schatten darben,
führ ihnen ich mein Glas zu Munde,
sich anzutrinken Blutes Farben.

Die Schatten deiner Toten

An dem wir froh gesessen hatten
beim Wein in mancher Sommernacht,
am Gartentisch nun sitzen Schatten,
vom Atemhauch des Winds erwacht.

Es sind die Schatten deiner Toten,
die traten still aus Baum und Strauch.
Stell ihnen Wein hin, guten roten,
und biete welsche Nüsse auch!

Dann sollst du sie gewähren lassen
und nicht zu sehr erschrocken sein,
wenn sie dich an den Händen fassen,

aus ihrem Glas dich trinken lassen:
Die Schatten wollen traulich sein,
eh sie im Morgenlicht verblassen!

Das Rebenblatt

Die Trauben, schon vom Frost bereift,
hab ich mir in den Mund gestreift.

Ein bittres Blatt war auch dabei,
daß mir die Lust zu süß nicht sei.

Ich hab's gekaut, nicht ausgespien,
bis Süße mir das Bittre schien.

Barfuss über eine Wiese

REGENNASSE STRASSE

Glitzern nächtens auf der regennassen
Straße Sterne, die der Himmel streute,
ist sie früh, als ob der Glanz ihn reute,
übersät mit Blüten, irdisch blassen.

Als das Sterngefunkel sich erneute,
so als könnt der Himmel es nicht lassen,
auszustreun es, war von Blüten, blassen,
nichts zu sehn mehr auf der Straße heute.

Ob der Baum die Blüten schon verstreute,
während Himmel Sterne kann kaum fassen,
oder schämt er sich der allzu blassen,
daß er auszustreuen sie sich scheute?

Die Kuckucksterz

Sang dem Kuckuck nach die Terz,
ihm zum Spott und mir zum Scherz.
Wie dem Baum die Jahresringe
wuchs mir Jahr um Jahr ums Herz,
und die Zeit ward mir zum Schmerz,
ward mir um den Hals zur Schlinge,
daß ich bang die Kuckucksterz
nur noch zähle, nicht mehr singe.

KUCKUCKSSCHREI

Pappelblatt an Pappelblatt
sei dem Wind Prophetenzunge,
weiß im Nest das Kuckucksjunge,
eben erst entschlüpft dem Ei,
und was Wind geweissagt hat,
später tönt's im Kuckucksschrei:
Tod und Leben – einerlei!

PAN

Was mir mit Blätterzungen
die Pappeln vorgesprochen,
das hab ich nachgesungen
im Gedicht.

Ob Pan mit Pappelzungen
sein Schweigen hat gebrochen,
und ich hab nachgesungen
sein Gedicht?

Im Laubengang

Wie mein gezähmtes Löwenherz
sich nach dem End des Weges sehnt,
der sich ins luftig Lichte dehnt,
als höbe er sich himmelwärts!

Mein Löwenherz, es stürmt hinan,
sich wähnend auf der Freiheit Bahn,
doch statt des Himmels ist ihm wohl
erneut ein Käfig aufgetan.

SONNENUNTERGANG

nach Calvin O'John

Die Bäume wanderten
den Berg entlang.
Nun tanzen sie
beim Sonnenuntergang,
und tanzen Stamm an Stamm.
Ich tanze mit,
bin wieder Baum,
der ich im Überschwang
das Menschsein kostete,
das Menschsein litt.

HAIKU LESEND

Als Haiku ich um Haiku las,
schien mir die hingetuschte Schrift
mit einem Mal wie wogend Gras,
wie eine grüne Gräserdrift,

und eine Grasmusik erklang,
wie sie im Vers geschlummert hat.
Ich lauschte leisem Grasgesang
mit Silben sanft aus Halm und Blatt.

GRAS

Streif Gras ich mit der Hand,
fühlt es sich an wie Menschenhaar.
Mir wird ganz sonderbar –
als ob ich schon gestorben sei
vor Tag und Jahr
und ging jetzt, wo ich Ruhe fand,
bei Minze und Salbei,
als Abgeschiedener umher,
und meine Totenhand,
von Erde schwer
und Wurzel schon der Akelei,
streif mein zum Gras gewordnes eignes Haar.

Im Gras I

Die Gräser streun mir ihre Samen
ins Haar und auf die Haut.
Ich fühle meine Hand erlahmen –
Hat er mich angeschaut?

Sah er mich an mit Käferaugen,
ob ich schon Halm und Blatt?
Die Gräsersamen saugen
an meinem Mund sich satt.

Sie werden bald in meinen Säften keimen.
Dann wächst aus meinem Schädel Gras statt Haar,
und nimmer weiß von meinen Reimen
das Lattichblatt, das meine Zunge war.

Im Gras II

Ich bin ein Nichts in Käferaugen,
bin weder Rispe, Halm noch Blatt.
Dem Käfer mag mein Haar zum Klettern taugen,
doch meine Haut, dazu ist sie zu glatt.

Er hängt sich an der Glockenblume Schwengel,
der wiegt sanft in den Schlaf ihn ein.
Bin ich erst Blüte, Blatt und Stengel,
werd ich kein Fremdling mehr dem Käfer sein.

ZITTERGRAS I

Das Gras, was zittert es im Wind?
Ich ahn, es weiß um mein Geschick.
Die Blumenaugen, obzwar blind,
sie wissen's auch, ich seh's am Blick.

Du brauchst nicht zittern, Gras, um mich,
ich leid nichts anderes als du!
Schon rüstet er, der Schnitter, sich.
Ihr Blumen, macht die Augen zu!

ZITTERGRAS II

Das Gras, was zittert es im Wind?
Weil seine Herzen ängstlich sind?
Ihr, Herzen, braucht nicht ängstlich sein,
ihr seid im Sterben nicht allein!

Die Menschenherzen sind euch gleich,
sie zittern, daß es ihn erweich,
den Schnitter, der die Sense wetzt –
und leiden freudig sie zuletzt.

Der Landstreicher

Hätt Batzen Geldes ich
wie Gold der Löwenzahn,
ich finge sicherlich
ein neues Leben an!

So aber stehl ich mir
vom Hühnerhof den Hahn
und stecke mir als Zier
ins Knopfloch Löwenzahn.

Ich melk mir in den Mund
die Morgenmilch der Kuh,
brat mir den Gockel, und
der Löwenzahn schaut zu.

Ich leg mich nachts zur Ruh
auf weichem Löwenzahn
und träum vom Loch im Schuh,
im Beutel und im Zahn.

Fällt mich das Sterben an,
stirbt's sich, was gilt die Wett,
auf goldnem Löwenzahn
wohl leichter als im Bett!

ANDECHS

Schau ich vom Andechser Berg
hinunter auf den Ammersee,
schimmern die Segelboote
wie der Kohlweißlinge Schnee.

Hoch über dem Ammersee
und dem Andechser Berg
segeln die Wolkenboote,
und der Wind ist ihr Ferg.

Weiß auf dem Andechser Berg
blüht der Dorn, blüht die Schleh,
und die Blüten sind Boote,
und die Luft ist ein See.

WIESKIRCHE

Auf den Engelsgesichtern
das Gold
nahmen die Maler
vom Löwenzahn.
Drum lächeln die Engel
so hold
den versunkenen
Beter an.

Der Löwenzahn
draußen auf der Wies
ist längst verblüht,
in die Luft zerblies
der Wind
die flaumleichten Samen.

Auf den Engelsgesichtern
das Gold,
nimmer verblüht es,
ihr Lächeln so hold.
Drum findet der Beter
kein Amen.

BARFUSS ÜBER EINE WIESE

Salbei und Hornklee streifen
mir meine bloßen Sohlen.
Ob Hände nach mir greifen,
mich in den Grund zu holen?

Salbei und Hornklee streifen
mir meine bloßen Zehen.
Die Hände nach mir greifen,
ziehn in den Grund mein Gehen.

MARGERITENWIESE

Ist die Margeritenwiese
nicht aufs innigste verwoben
mit dem Sternenhimmel droben!

Darf ich nicht die Blumenwiese
und die Sternenwiese oben
als zwei Hälften Edens loben!

Daß die irdische nicht sprieße,
mit der himmlischen verwoben,
mir ist alle Angst zerstoben!

WUNDKLEE

nach Jan Skácel

Am Mittag kehrt der Jäger heim.
Am Gürtel ein geschossner Hase.
Dem rinnt ein honigroter Seim
wie Wundkleesaft aus Maul und Nase.

Je nun, das ist des Hasen Blut,
das gleicht dem Wundkleesaft, dem roten!
Der Jagdgott ist dem Jagdhund gut,
er schmückt mit Wundklee Schnauze, Pfoten.

Geheimer Wille

Ihre Botschaft morst die Grille,
aber ich versteh sie nicht,
ahn nur, daß geheimer Wille
aus dem Grillenzirpen spricht.

Manchmal, wenn für kurz die Grille
ihr Gezirpe unterbricht,
scheint's mir, daß auch aus der Stille
deutlich noch der Wille spricht.

DAS SCHNECKENHORN
Erste Fassung

Wer hat für welchen winz'gen Mund
das Schneckenhorn erfunden
und welchen Ton ihm in das Rund
des Horns hineingewunden?

Das Horn, es will geblasen sein.
Doch wird ein Mund sich finden?
Und fänd er sich, der blies hinein,
er würde wohl nur einen Ton,
der Grille hörbar und dem Mohn,
dem Schneckenhorn entwinden!

Das Schneckenhorn
Zweite Fassung

Wer hat für welchen winz'gen Mund
das Schneckenhorn erfunden
und welchen Ton ihm in das Rund
des Horns hineingewunden?

Das Horn, es will geblasen sein.
Ließ sich ein Mund verlocken
mit Lippen zart und elfisch fein,
der hauchte in das Horn hinein,
er brächt wohl einen Ton hervor,
unhörbar unserm groben Ohr,
und doch wärn wir erschrocken!

Neues Sein und Sehen

Hätt ich der Schnecke Horn,
des Distelfalters Fühler,
erfühlt ich aus den Lüften,
erspürt ich aus den Düften
von Beere, Blatt und Dorn:

Mein Sein begänn von vorn,
mein Herz schlüg mir noch kühler,
und neu begänn mein Sehen
von Werden und Vergehen,
ich nähm es ohne Zorn
und nähm's gelassner hin,
daß ich vergänglich bin?

Erfühlte gar mein Horn,
erspürte gar mein Fühler
die Kunde aus den Lüften,
die Botschaft aus den Düften
von Ähre, Spelz und Korn:
Mit meinem neuen Sehen
fing an die Angst von vorn
vorm Schwinden und Vergehen?

DER TÜRKISSTEIN

nach Simon J. Ortiz

Ich halte mit dem Türkis
auch in meiner Hand
den Himmel,
eingezwängt in diesen kleinen Stein.

Hoch oben eine weiße Wolke,
fast am Rand.
Der Punkt tief unten muß die Welt,
die unsre, sein.

Ich dreh den Stein:
Der Himmel wird unendlich weit.
In Steinen nur
wird solche Klarheit möglich sein.

Ich spür in meiner Hand
des Himmels Seligkeit,
bin eingeschlossen selbst
in diesen Türkisstein.

Die Lerchen

Die Lerchen sterben in der Luft,
und wenn am reinsten ihr Gesang,
und stürzen aus dem Überschwang
verstummend in die Ackergruft.

Und manche, stürzend aus der Luft,
im Sturz vollenden ihren Sang,
und andre, denen er mißlang,
versuchen ihn noch in der Gruft.

Ihr Vögel!

Und daß ihr sterben müßt wie wir,
ihr Vögel, ist's ein Unterschied!
Wir sterben anders nicht als ihr!
Uns stirbt das Wort und euch das Lied!

Der Tod macht keinen Unterschied,
ihr Vögel, zwischen uns und euch!
Er schließt jedwedes Augenlid,
ob einer gehe, fliege, kreuch!

Die Ackerwinde

Die Ackerwinde: Klarinettenrohr,
das haucht nur Stille aus, erlauscht mein Ohr.

Zur Stille paukt mein Herz den Ton, zwar hohl,
die Ackerwinde aber hört ihn wohl.

Sie hebt ihr blaues Klarinettenrohr
und spielt zum Herzgepauk mir Stille vor.

Und stellt mein Herz sein leises Pauken ein,
wird Stille noch aus blauer Winde sein.

SCHUTTABLAGE

Zwischen Nesseln, Blech und Scherben
einer Puppe abgeschlagner Kopf,
und ihm steht zu Berg der Schopf –
weil er weiß vom Unterm-Fallbeil-Sterben?

Angelockt von Blech und Scherben,
trippelt her ein Wiedehopf,
um mit aufgestelltem Schopf
um den Puppenkopf zu werben –
oder um den Glitzerglanz der Scherben?

Wiedehopf weiß nichts vom Sterben!
Ihm ist Braut der Puppenkopf,
der ihn reizt mit seinem Schopf,
heft'ger noch als aller Glost der Scherben.

Im Hohlweg

Ich geh den Hohlweg in der Nacht
und fühle Hadeskälte wehen.
Ein Vogel ist von meinem Schritt erwacht
und jammert in den Schlehen.

Die Flamme einer Königskerze loht, vom Mond entfacht,
drin Seelen brennen und um Gnade flehen.
So liebreich hat der Tod mich angelacht!
Werd ich ihm widerstehen?

EKEL

nach Arthur Rimbaud

Im Dickicht jault der Fuchs und speit
nach einem blut'gen Gänseschmaus
Gefiederklumpen wieder aus.
Wie er jaul ich vor Übelkeit.

Mich ekelt alles Dasein an!
O schliefe ich für immer ein!
Erleichtert zieht der Fuchs die Bahn,
ich aber spei, muß nichts als spein!

Werft mich auf Salomos Altar
und schlachtet mich als Opferlamm,
dann ränn mein Blut, des Ekels bar,
vom Rost rot in den Kidronschlamm!

Die Mohnkapsel

Zur Urne ward die Kapsel Mohn.
Wes Asche wird sie schließen ein?

Ich seh die Nesselflammen lohn,
nach meinem Herzen lecken schon.

Was bald die Urne Mohn schließt ein,
wird's meines Herzens Asche sein?

DER MAULWURFSSCHERZ

Der Maulwurf wirft die Erde auf
zum Hügel.
Ihr tut's nicht weh,
doch mir beschwert's das Herz.
Ich seh mein Grab vor mir,
bewacht von einem Engelflügel,
mein aufgeworfnes Grab –
ein Maulwurfsscherz!

Wohlan, ich bin gerüstet!

Der hat auf mich geschossen
mit Eicheln statt Patronen,
er treibt mit mir nur Possen
und wird mich nicht verschonen.

Er wird, wenn's ihn gelüstet,
mit Eisen auf mich schießen.
Wohlan, ich bin gerüstet,
soll Blut zur Lust ihm fließen!

HARLEKIN

Vom Wegstaub weißgepudert
mein Gesicht.
Wer mir begegnet,
der erkennt mich nicht.
Ich bin mir selbst schon fremd und bin
ein für den letzten Auftritt
staubgeschminkter Harlekin.

OKTOBERWIND

nach Sergej Jessenin

Ein Wandermönch Oktoberwind.
Er tritt das Laub mit bloßen Füßen,
die grau vom Staub des Weges sind.
Will er für unsre Sünden büßen?

Die Eberesche steht in Glut,
als tropf aus Christi Seitenwunde
das einst für uns vergossne Blut.
Erneuert sich die Leidensstunde?

Der Wandermönch Oktoberwind
küßt Jesu Christi Martermale
und trinkt das Blut, von Tränen blind,
aus Christi Hand, der Opferschale,

und trinkt den letzten Tropfen Blut,
die letzte Ebereschenbeere,
aus Christi Hand, die Wunder tut,
mit Schnee die Schale füllt, die leere.

Die Spinne

Vom Nebel eingesponnen,
mein Aug hat keine Sicht.
Die Spinne hat gewonnen.
Ich seh und kenn sie nicht.

Sie spinnt mir beide Augen
mit grauem Nebel ein,
fängt an sie auszusaugen,
läßt Höhle nur und Bein.

Schwan und Wolke

Von einer weißen Wolke angetan,
die sich im Wasser spiegelt, schwimmt ein Schwan,
weil er sie als Gefährtin wähnt, heran
und folgt dem Spiegelbild in seinem Wahn.

Die Wolke auch liebäugelt mit dem Schwan,
und so ziehn sie gemeinsam ihre Bahn,
erliegend ihrer Lust und ihrem Wahn,
der Schwan sei Wolke und die Wolke Schwan.

Am Fluss

Der Sternenhimmel
bleibt dem Schauenden verriegelt.
Doch der im Wasser
trügerisch sich widerspiegelt,
doch dieser Himmel
aller Sehnsucht scheint entriegelt.

STERNENSALZ

Ich schöpfe mit der hohlen Hand
mir Wasser aus der Steinzisterne
und trink den salzig weißen Sand
im Wasser aufgelöster Sterne.

Mir brennt vom Sternensalz der Mund.
Die Erde aber wird ihn kühlen,
und Regen wird aus ihm, der wund,
samt Salz und Sand den Himmel spülen.

Mein Spiegelbild

Der Wasserspiegel schönt mich nicht,
er zeigt mein Greisenangesicht
mit schneeverwehtem Schläfenhaar,
vereisten Augen, bitterklar,

und zeigt's mit zugefrornem Mund,
versunken auf des Flusses Grund.
Der ich mich selbst im Wasser seh,
bin ich schon Eis, bin ich schon Schnee?

Unterm Fallbeil Mond

KNOCHENMÄNNER

Gemächlich lebe ich
in meinem Haus,
darin kein fremder Knochenmann
mich schreckt.
Mit meinem eignen
halte ich es aus,
solang er schläft,
der fremde ihn nicht weckt.

Der Birkenzweig am Fenster

Der Wind hat mir das Laub vom Zweig geraubt,
vom Birkenzweig, der sich ans Fenster drängt.
Doch nachts hat wieder sich der Zweig belaubt,
mit Sternenlaub sich übervoll behängt.

Wird dieses Silberlaub am Zweig bestehn,
am Birkenzweig, mir Tröstung Nacht für Nacht?
Wird Stern um Stern im Morgenlicht verwehn,
ist auch das Laub am Zweig zunicht gemacht!

Dann harre ich der nächsten Nacht, ob Blatt
an Blatt, ob Stern an Stern sich wieder zeigt
am Birkenzweig; denn bis zum Frühling hat
vielleicht mein Sein sich schon zu End geneigt.

DER STERNENZWEIG

Ob sich der Himmel neig
des Nachts zu uns herab
mit einem Sternenzweig,
daß uns das Erdengrab
ein wenig lichter sei?

Ob Stern an Stern sich zeig
wie Blüt an Blüt am Zweig,
und ob er hängt herab
auf unser Erdengrab,
daß keiner traurig sei,

wenn ihm die Nacht zu lang,
wenn ihm das Herz zu bang
in seinem Erdengrab?

Ob uns der Himmel zeig
mit seinem Sternenzweig,
daß uns ein Eden sei?

Allein mit Nachtfaltern

Ich rede nicht mehr gern,
nur manchmal noch zu Faltern
bei Mond und Abendstern,
und red von meinem Altern,

von meinem Abgesang,
ob er mir wohl gelänge
und ich nicht allzu bang
die letzte Strophe sänge.

Gelingt mein Schlußgedicht,
verdank ich's einem Falter,
les ich die Strophe nicht
aus offnem Flügelpsalter?

ALTER MANN

Ich gehe nicht mehr aus dem Haus,
am Fenster aber sitz ich gern,
seh Stern an Stern als Kürbiskern,
und eine Wolke spuckt sie aus.

Ich sinn, ein Kürbis sei das Haus,
ich mittendrin, mein Herz ein Kern,
der Mond ein Messer, gar nicht fern,
das schneidet ihn wohl bald heraus.

Das Fensterkreuz

Das Fensterkreuz ein Fadenkreuz!
Wo sich der Schatten kreuzt der Sprossen
auf meiner Brust, die Gottheit beut's,
daß werde mir ins Herz geschossen.

Daß ich gelebt, geliebt, mich reut's:
Zuviel an Blut ist schon geflossen,
– und stets geschah dies unterm Kreuz! –,
und alles ward umsonst vergossen!

HADER MIT GOTT

nach Andrej Bjely

Die feucht beschlagne Fensterscheibe,
ich wisch sie mit dem Ärmel klar.
Das Mondlicht rieselt aus der Eibe.
Bin ich noch, der ich gestern war?

Ich seh im Wind die Birken schwanken.
Du hast mir, Gott, das Sein vergällt!
Soll für die Pein ich dir noch danken,
dem mich zu quälen es gefällt!

Seh ich der Leidensjahre Reihen
an meinem Aug vorüberziehn,
dann kann ich, Gott, dir nicht verzeihen,
daß ich von dir geschaffen bin!

Durchwachte Nacht

Mißt mir der Sternensand
im Stundenglas der Nacht
die Zeit, mir zugedacht?

Wenn ich den Sternensand,
den fallenden, betracht,
dann fällt er mir zu sacht!

Fiel rascher doch der Sand,
daß auch nach dieser Nacht
mir neu der Tag erwacht!

Das Sternenkorn

Des Mondes Sichel schneidet
das Sternenkorn,
und nächste Nacht beginnt
die Mahd von vorn;
denn während uns die Zeit verrinnt,
an seinem Weh und Ach
ein jeder leidet,
wächst heimlich nach
das Sternenkorn.

Belogen und betrogen

Der Mond kommt hergezogen,
ein Stern folgt ihm ohn Eil.
Der Mond biegt sich zum Bogen,
der Stern spitzt sich zum Pfeil,

und kommt er hergeflogen,
bleibt meine Brust nicht heil.
Wer hat den Mond betrogen,
den Stern aus kurzer Weil?

Wer hat auch mich belogen:
der Stern sei Stern, kein Pfeil,
der Mond sei Mond, kein Bogen,
und ich, ich bliebe heil?

Unterm Fallbeil Mond

Welche Dreistigkeit, mit dir
unterm Fallbeil Mond zu liegen
und, droht's mit dem Tod auch mir,
mich an deine Brust zu schmiegen!

Hackt das Beil den Kopf ab mir,
bleibt mein Rumpf im Arm dir liegen,
und er hört nicht auf, sich dir
zärtlich an die Brust zu schmiegen!

Wie im Beinhaus gesprochen

Als sei er in Kupfer gestochen,
der Abendstern.
An der Türe ein Pochen –
Will wer Einlaß begehrn?

Wie im Beinhaus gesprochen,
Worte, die meine Seele versehrn.
Mein Mut ist zerbrochen,
ich kann mich nicht wehrn.

Die Uhr

nach Ossip Mandelstamm

Die mit dem Tod im Bunde,
die Uhr, ich wette, weiß,
wann sie die Todesstunde
zu schlagen hat dem Greis.

Sie schlägt die Todesstunde
ihm auf des Tods Geheiß.
Daß mit dem Tod im Bunde
die Uhr, weiß wohl der Greis.

Er führt das Glas zu Munde,
als tränk er letztmals Wein.
Schlägt ihm die Uhr die Stunde,
könnt es die letzte sein.

Die Sonnenuhr

Wohl lieber als die Kirchturmuhr,
die allzu gell die Stunden schlägt,
ist mir am Haus die Sonnenuhr,
die ohne Laut die Stunden wägt.

Ich schau ihr zu, der Sonnenuhr,
wie sie auch mir die Stunden wägt,
und blicke auf den Schatten nur
des Stabs, wie Licht ihn mählich schrägt.

Wenn mir die nahe Kirchturmuhr
dereinst die letzte Stunde schlägt,
ob Licht dann auf der Sonnenuhr
des Stabes Schatten gleichwohl schrägt?

Bienen, Drohnen

Mein Haus, wer wird's bewohnen,
wenn ich gegangen bin?
Schon drängen Bienen, Drohnen
zu Spalt und Ritze hin.

Sie möchten es mir lohnen
mit süßem Honigseim,
wenn sie mein Haus bewohnen –
doch ich, ihr Bienen, Drohnen,
ich komme nie mehr heim!

Zu End ist mein Gesang

Zu End ist mein Gesang.
Der Gott ward ungeduldig.
Ich sang wohl schon zu lang.
Bin ich drum schuldig?

Ich sang ihm lauthals vor.
Hat er drum abgewunken?
Beleidigte ich sein Ohr?
War ich betrunken?

Vom Wein gewißlich nicht!
Doch wenn mich was berauschte,
dann war es mein Gedicht,
dem er – in Gnaden? – lauschte.

Und rührte gar ihn mein Gedicht,
daß unterbrach er drob mein Singen?
Unsterbliche, sie lieben's nicht,
wenn Sterbliche ihr Herz bezwingen!

BRIEF IN BLINDENSCHRIFT

Durchs offne Fenster hat mir Wind
ein Buchenblatt hereingeweht.
Ich hab's befühlt, vor Alter blind,
ob was darauf geschrieben steht.

Mir scheint's ein Brief in Blindenschrift,
das Buchenblatt in meiner Hand:
Ertast ich, wann der Pfeil mich trifft,
den ich gesucht, doch niemals fand?

Am Fenster

Wenn sich die Lust am Vers verliert,
im Mund die Zunge mir gefriert
zu einem stummen Klumpen Eis,
dann bin ich nah am Tod, bin Greis.

Seh schmelzen draußen ich den Schnee,
wenn sinnend ich am Fenster steh,
erwachsen draus mir Hoffen und Vertrauen,
es werde schmelzen auch mein Weh,
und meine Zunge werde tauen,
den Schlußvers flüstern, eh ich geh.

CHRYSANTHEMEN

Ich bin auf Chrysanthemen,
in mein Schlafkissen gestickt,
ein wenig eingenickt.

Es ruht sich gut auf ihnen,
die dem Kissen als Zierde dienen,
weil die Angst sie mir nehmen
vor Chrysanthemen,
in mein Sargkissen gestickt.

AZALEEN

Ich leb mit Azaleen
in meiner kalten Kammer,
und leb mit meinem Jammer
und leid am Zeitvergehn.

Die stillen Azaleen,
sie sehn nicht meinen Jammer,
sehn nicht mein Sein vergehn,
und wie zum Sarg die Kammer
mir Nacht und Schnee verwehn.

EISBLUMEN

Der Atem friert am Fensterglas
zu Halmen, Rispen, Blättern,
auf denen silbern seltne Käfer
als Mond und Sterne klettern.

Als ob der Sturm Posaune blas,
hör ich es draußen schmettern:
daß alles Fleisch sei wie das Gras,
und daß bei Abgeschiednen
jedermann bald Schläfer.

SCHNEENACHT

Ich hab's ihr nicht verargt,
daß mich in meine Kammer
die Nacht hat eingesargt:
Die Welt ist voller Jammer,
in meinem Sarg ist Ruh!
Die Nacht braucht keinen Hammer,
sie schneit den Sarg mir zu!

Das bisschen Sterben

Mit zerrissenem Herzen

nach Juan Ramón Jiménez

Die Erde hält mich an den Füßen fest,
an meinen Händen hoch der Himmel oben.
Welch einen Schmerz fühl ich im Herzen toben,
da Himmel nicht und Erde mich nicht läßt!

Mein Herz

nach Juan Ramón Jiménez

Solange dir dies eine Blütenblatt
verbleibt, mein Herz, bist du noch eine Blume!
Und bist du auch, mein Herz, schon müd und matt,
halt mit den Wurzeln fest dich an der Krume!

Solang du um dies eine Blatt noch bangst,
bist du, mein Herz, noch immer eine Blume!
Und hast du auch vor einem Windstoß Angst,
an deinen Wurzeln hält dich fest die Krume!

Ihr Mund

nach Gabriele d'Annunzio

Ihre Lippen zuckten,
ihre Lippen leer von Blut.
Langsam öffnete sie ihren Mund.
Die ersten Worte quollen,
erste Tropfen Bluts, hervor:
Es stand ihr Mund in Glut.
Wunden glühen so,
die nicht zu bluten aufhörn wollen.

Das bisschen Sterben

Das bißchen Sterben, ja was macht's!
Das Leben ist noch ärgre Qual!
Ich halt mein Totenmahl des Nachts
und häng mich auf an meinem Schal.

Das bißchen Sterben, nitschewo!
Das Leben ist noch schlimmre Pein!
Gedenkt ihr meiner, dann tut's froh!
Auch ich werd drüben fröhlich sein!

So viele Augen

nach Jan Skácel

Den Tod beneide ich
um seine Arbeit nicht:
So vielen Augen
hat zu nehmen er das Licht,
so viele Augen
hat für immer er zu schließen!
Fürwahr, den Tod beneid ich nicht
um seine Pflicht,
so viele Augen anzuhäufen
in Verliesen!

Auf dem Markt

nach Nikolaj Gumiljow

Körbe voller abgeschlagner Köpfe.
Zwei Kopeken einer! Billiger als Kohl!
Hälse: Strünke. Blutverschmierte Schöpfe.
Überall Parolen: Für des Volkes Wohl!

Greif mir aus dem Korb so einen bleichen
blut'gen Kopf an seinem blutverklebten Schopf –
Neues Heil dem Volk! und: Tod den Reichen! –
Griff mir meinen eignen abgehackten Kopf!

Der sich erbarmt

Ein Stacheldraht aus Sternen
zwischen uns und ihm,
bewacht von Cherubim und Seraphim.
Erbarmte sich der Todesengel nicht
der armen Seelen,
wie sonst wohl könnten sie sich
in das ew'ge Leben stehlen!

Sterben in Rom

Stirbt es leichter sich
unter Pinien und Zypressen?
Oder hat er mich,
hier in Rom, der Tod, vergessen?

Sucht vergeblich er
unter Föhren mich im Norden?
Fänd er dennoch her,
weil ich alt und müd geworden,

säße ich beim Wein
unter Pinien und Zypressen,
und ich lüd ihn ein,
sich im Trunk mit mir zu messen.

Schlief ich ein berauscht,
schnell so gegen ihn verlöre,
ob sich dann vertauscht
Nadelklirrn der Pinie, Föhre,

eins ins andre tönt,
Föhre, Pinie, wie verschwistert,
mich mit ihm versöhnt,
was in Wipfeln flirrt und knistert?

Reiterlied

nach Federíco García Lorca

Nachtschwarze Stute, auf nach Córdoba!
Der Purpurmond weist uns die Wege!
Trag pfeilschnell mich nach Córdoba, das nie ich sah,
daß ich mich dort zum Sterben niederlege!

Herab von seinen Türmen blickt der Tod mich liebreich
an.
In Córdoba nur möcht ich sterben!
Hat seine Tore mir der Tod schon aufgetan?
Nachtschwarze Stute, flieg! Ihr Hufe, schlagt im Flug
den Mond in Scherben!

Die Ebene nach Córdoba so weit!
O ritte mir der Tod entgegen,
dann ritten wir nach Córdoba zu zweit!
Wohl aber sterb ich fern auf abgelegnen Wegen!

GRABROSEN

Werden auf dem Grab die Rosen,
sprengend meinen Totenkasten,
mit den Wurzeln nach mir tasten,
Wangen mir und Lippen kosen,
eh sie ganz zu Staub zerfallen?

Werden um den Staub die Rosen
liebreich ihre Wurzeln ballen,
ihn statt Mund und Wangen kosen?

Schwelt in meinem Staub doch alle
Liebesglut noch meines Lebens!
Daß im Rosenrot aufwalle
sie noch einmal, scheint's vergebens?

BÖHMISCHES HERBSTLIED

nach Jan Skácel

Denen, die in Gräbern ruhen,
legt man Blumen auf die Augen.
Doch was sollen sie mit Schuhen,
die zu nichts den Toten taugen!

Was zu ihren Füßen legen,
wenn sie barfuß auferstehen
und auf dornenlosen Wegen,
sanft auf weißen Wolken gehen?

Leb wohl, mein Freund, leb wohl!

nach Sergej Jessenin

Leb wohl, mein Freund, leb wohl!
Jetzt lass ich dich allein!
Der Schneesturm tönt so hohl,
mich friert's ins Herz hinein!

Bald wirst, mein Freund, du still
an meiner Grube stehn.
Wir werden, so Gott will,
uns lachend wiedersehn!

Drum halte mir die Treu,
bis wir im Grab vereint!
Das Sterben ist nicht neu,
kein Grund, daß einer weint!

DER GETREUE FÄHRMANN

Ich hab ihn nicht gehört,
den Schuß,
hab nur gespürt,
daß ich zu Tod getroffen.
Wo bleibt, auf den
die Todeswunden hoffen,
daß er sie rudre
übern Todesfluß?

O läg ich schon
in seinem Kahn,
säh über mir
den Himmel offen!
Ich werd geduldig
auf den Fährmann hoffen.
Er ländete noch stets
an unserm Ufer an.

Bitte eines Toten

Pflanzt mir Blumen auf das Grab,
daß ich Tröster bei mir hab,
wenn ich allzu einsam bin
in der tiefen, dunklen Erde!

Als ich noch bei Blumen war
auf der warmen, lichten Erde,
wandelte ich achtlos hin,
nahm ihr sanftes Sein kaum wahr.

Aber da ich elend schmacht
in der tiefen, kalten Erde:
Pflanzt mir Blumen für die Nacht,
daß sie nicht zu bitter werde!

Vor Ostern

Der Morgenduft der süßen Brote.
Wann auferstehen wird der Tote,
läßt es aus seiner Hand sich lesen?

In stolzer Trauer wehn die Fahnen.
Ob es die Abgeschiednen ahnen,
ihr neues Werden im Verwesen?

Inhalt

Kinderzeit

Kinderzeit · 9
An der Amper · 10
Kinderspaß · 11
Als Kind spielte ich Geige · 12
Zwei Fremde · 13

Blumengedichte

Gedicht für Nelken · 17
Taunasse Nelken · 18
Nachtviolen I · 19
Nachtviolen II · 20
Die Schwertlilie · 21
Gladiolen · 22
Mein einzigs Gut · 23
Pfauenauge, Ende September · 24
Das Rosenblatt · 25
Gepreßtes Rosenblatt · 26
Schwarze Rosen · 27
An eine verwelkte Aster · 28

Mein irdisches Eden

Mein irdisches Eden · 31
Abgestreute Fliederblüten · 32
Der Beerengott · 33
Daphnes Brust · 34

Der betrogene Jäger · 35
Blätterhände · 36
Könnt mich der Baum vergessen · 37
In Todes Namen · 38
Das Ahornblatt I · 39
Das Ahornblatt II · 40
Die Walnuß · 41
Zur Nacht · 42
An ein altes Weinglas · 43
Nachts beim Wein · 44
Beim Wein mit Gladiolen · 45
Rotwein trinkend, abends · 46
Die Schatten deiner Toten · 47
Das Rebenblatt · 48

Barfuss über eine Wiese

Regennasse Straße · 51
Die Kuckucksterz · 52
Kuckucksschrei · 53
Pan · 54
Im Laubengang · 55
Sonnenuntergang · 56
Haiku lesend · 57
Gras · 58
Im Gras I · 59
Im Gras II · 60
Zittergras I · 61
Zittergras II · 62
Der Landstreicher · 63
Andechs · 64
Wieskirche · 65
Barfuß über eine Wiese · 66
Margeritenwiese · 67
Wundklee · 68

Geheimer Wille · 69
Das Schneckenhorn (Erste Fassung) · 70
Das Schneckenhorn (Zweite Fassung) · 71
Neues Sein und Sehen · 72
Der Türkisstein · 73
Die Lerchen · 74
Ihr Vögel! · 75
Die Ackerwinde · 76
Schuttablage · 77
Im Hohlweg · 78
Ekel · 79
Die Mohnkapsel · 80
Der Maulwurfsscherz · 81
Wohlan, ich bin gerüstet! · 82
Harlekin · 83
Oktoberwind · 84
Die Spinne · 85
Schwan und Wolke · 86
Am Fluß · 87
Sternensalz · 88
Mein Spiegelbild · 89

UNTERM FALLBEIL MOND

Knochenmänner · 93
Der Birkenzweig am Fenster · 94
Der Sternenzweig · 95
Allein mit Nachtfaltern · 96
Alter Mann · 97
Das Fensterkreuz · 98
Hader mit Gott · 99
Durchwachte Nacht · 100
Das Sternenkorn · 101
Belogen und betrogen · 102

Unterm Fallbeil Mond · 103
Wie im Beinhaus gesprochen · 104
Die Uhr · 105
Die Sonnenuhr · 106
Bienen, Drohnen · 107
Zu End ist mein Gesang · 108
Brief in Blindenschrift · 109
Am Fenster · 110
Chrysanthemen · 111
Azaleen · 112
Eisblumen · 113
Schneenacht · 114

DAS BISSCHEN STERBEN

Mit zerrissenem Herzen · 117
Mein Herz · 118
Ihr Mund · 119
Das bißchen Sterben · 120
So viele Augen · 121
Auf dem Markt · 122
Der sich erbarmt · 123
Sterben in Rom · 124
Reiterlied · 125
Grabrosen · 126
Böhmisches Herbstlied · 127
Leb wohl, mein Freund, leb wohl! · 128
Der getreue Fährmann · 129
Bitte eines Toten · 130
Vor Ostern · 131